EL PACTO
DE SANGRE

por
E. W. KENYON

(Compilado y Editado por

Ruth A. Kenyon)

Primera Edición en Español

ÍNDICE

PREFACIO

Este tema abre un campo absolutamente nuevo de investigación y estudio, para aquellos que están profundamente interesados en obtener las mejores y más ricas provisiones de Dios para el hombre.

Aquellos que han tenido el privilegio de escuchar las conferencias del Dr. Kenyon sobre este tema, han estado pidiendo, por mucho tiempo, que se impriman.

Hasta ahora, no se nos había abierto el camino para poder hacerlo, pero finalmente ha llegado el momento de poder conceder el deseo en el corazón de la gente.

La verdad escondida en el memorial de la Mesa del Señor, y constituyendo el fundamento de la misma, es de tal naturaleza, que su corazón se sentirá emocionado en respuesta a las posibilidades que se presentan, y ellas serán un aliciente para aprehender el mismo poder , victoria y milagros que eran parte de la vida diaria de los apóstoles

Es imposible describir en palabras lo que el Pacto de Sangre significará para Ud., una vez que Ud. aprenda su verdadero significado.

Mi padre, el Dr. E. W. Kenyon, autor de este manuscrito, ha partido a su hogar con Su Señor, el 19 de Marzo de 1948, pero las obras que él inició todavía continúan y siguen bendiciendo a incontables miles de personas.

Este libro se imprime como una conmemoración duradera a él, y es posible gracias a las ofrendas de amor de aquellos que han sido ayudados y bendecidos por su ministerio.

RUTH A. KENYON

Prefacio de la Traductora

En los Estados Unidos estamos muy bendecidos con
una gran abundancia de libros cristianos que son de aliento,
inspiración y enseñanza a los creyentes. Pero no así en el
mundo de habla hispana. Como intérprete simultánea de mi
esposo durante nuestros viajes anuales a Argentina,
predicando y ministrando entre los santos de éste, mi país
de origen, de continuo escuchamos a los pastores y
encargados de obra lamentar la falta de literatura cristiana.
Todos ellos nos han pedido que les lleváramos libros de
estudio para estar mejor preparados en su misión de liderar
al pueblo de Dios y enseñarle. La barrera del idioma nos ha
impedido satisfacer el deseo de sus corazones, y siempre lo
hemos lamentado porque sentíamos profundamente su
necesidad y su anhelo.

El Señor ha permitido que se presente la ocasión de que
se me pidiera hacer esta traducción y quiero dedicarla a los
pastores y trabajadores en la obra del Señor en la ciudad de
Tucumán, Argentina. Especialmente aquellos pastores del
campo, demasiados para nombrarlos, que le sirven por amor
en condiciones de mucho sacrificio personal. Que este primer
intento de volcar en su idioma las riquezas de este libro le
sean de gran bendición y aliento, pero sobre todo que les
abra una puerta por la cual la revelación de Dios fluya
libremente.

Tenemos un pacto con el Creador mismo del Universo,
un pacto personal y válido, que es un documento legal en el
cual se nos garantizan ciertos derechos. Hasta ahora no ha
habido suficiente énfasis en el Pacto de Sangre, pero a medida
que entramos en la "restauración de todas las cosas"
renovemos nuestro pacto con Dios y empecemos a disfrutar
de sus beneficios y privilegios. Es mi oración para la iglesia
de Tucumán.

Griselda Ruiz de Isley
Traductora
Seattle, Washington.

Capítulo Uno

EL NUEVO PACTO EN MI SANGRE

Por años, he estado convencido que había algo acerca de la Mesa del Señor que yo no entendía.

El silencio de los discípulos cuando Jesús la presentó, diciendo: "Esta es mi sangre del nuevo pacto, que por muchos es derramada para remisión de los pecados"; y luego cuando les dijo que comieran del pan que era Su cuerpo y que bebieran del vino, el cual declaró ser Su sangre, - este mismo silencio de los discípulos indica que ellos entendieron lo que El les estaba diciendo.

Yo no lo entendía y me confundía.

Por mucho tiempo hice la pregunta, ¿Cual es el principio subyacente involucrado en este extraño rito?

El lenguaje mismo, usado por Jesús, cuando dijo: " De cierto, de cierto os digo: Si no coméis la carne del Hijo del Hombre, y bebéis su sangre, no tenéis vida en vosotros", añadía a mi confusión.

¿Qué quiso decir con esto?

Fue entonces cuando alguien puso en mis manos un libro del Dr. H. Clay Trumbull, el antiguo editor del "Sunday School Times", en el cual él mostraba que el Pacto de Sangre, de una forma u otra había sido puesto en práctica por todos los pueblos primitivos desde tiempo inmemorial.

El demostraba que este Pacto de Sangre, era la base de todas las religiones primitivas.

El además proveía datos de todas partes del mundo, mostrando que hasta el día de hoy, en África, India, China, Borneo y las Islas de los Mares, los hombres practican un Pacto de Sangre muy similar a la Mesa del Señor.

Se ha degenerado, pero sin embargo, tiene las marcas de una revelación original de Dios.

En los libros de Stanley acerca de la exploración del África, él nos cuenta que él cortó el Pacto más de cincuenta veces con diferentes tribus.

Livingstone nos llama la atención al mismo tema, así como muchos otros exploradores y misioneros en el África.

Es posible que nos ayude a entenderlo mejor, si miramos el significado de la palabra Pacto en el hebreo.

Significa "cortar". Sugiere una incisión de la cual fluye sangre.

En prácticamente todos los lugares donde la palabra es usada en las Escrituras, significa "cortar el Pacto."

Encontramos que Abraham "cortó el Pacto" con algunos de sus vecinos antes de haber entrado en el Pacto con Jehová.

Capítulo Dos

EL ORIGEN DEL PACTO DE SANGRE

El Pacto de Sangre, o lo que llamamos la Mesa del Señor, está basado en el más antiguo pacto conocido a la familia humana.

Evidentemente comenzó en el Jardín del Edén.

Es evidente que Dios cortó el pacto o entró en un pacto con Adán desde el mismo principio.

La razón, por la cual yo creo esto, es porque no hay ningún pueblo primitivo en el mundo, que yo sepa, que no haya practicado el pacto de sangre en alguna forma u otra, mostrando así que tiene un origen dado por Dios; y es así que el hombre ha practicado el pacto a través de las edades.

Hoy, cientos de tribus en el África ecuatorial cortan el pacto.

Stanley cortó el pacto cincuenta veces con diferentes tribus.

Livingstone cortó el pacto.

Los misioneros lo han visto puesto en práctica, pero no entendieron el significado, pensando que era algún rito pagano, sin darse cuenta que el pacto de sangre practicado hoy en África abriría las puertas para predicar el Evangelio de nuestro Señor Jesucristo a todas las tribus.

Si algún misionero, que entendiera el lenguaje de cualquiera de las tribus, les explicara la Mesa del Señor y les hiciera ver lo que significa, en qué se originó, esto les abriría instantáneamente la puerta al Evangelio.

Todo el plan de Redención gira sobre los Dos Pactos.

Ud. recordará que tenemos un Viejo Pacto y un Nuevo Pacto.

Tal vez sea mejor que le ilustre lo que este antiguo pacto significa, porque es prácticamente el mismo entre todos los pueblos.

RAZONES PARA CORTAR EL PACTO

Hay tres razones para que los hombres corten el pacto entre sí.

Si una tribu fuerte vive al lado de una tribu más débil, y hay algún peligro de destrucción, la tribu más débil busca "cortar el Pacto" con la tribu más fuerte para poder salvarse.

Segundo, dos empresarios que forman una sociedad, pueden cortar el Pacto para asegurarse que ninguno de los dos vaya a aprovecharse del otro.

Tercero, si dos hombres se aman con la misma devoción con que David y Jonatán, o Damon y Pythias se amaron, ellos pueden cortar el Pacto por amor al lazo afectivo que los une.

EL MÉTODO DE CORTAR EL PACTO

El método de cortar el pacto es prácticamente el mismo en todo el mundo; aunque hay diferencias, por supuesto.

En algunos lugares, se ha degenerado hasta llegar a ser un rito muy grotesco, casi horrible, pero sin embargo, es el mismo pacto de sangre.

Lo que practican las tribus nativas del África, los Arabes, los Sirios y los Balcanes es lo siguiente:

Dos hombres que desean cortar el pacto, se reúnen acompañados de sus amigos y un sacerdote.

Primero intercambian regalos. Por medio de este intercambio de regalos se indican mutuamente que, de ser necesario, uno puede contar con todo lo que el otro tiene, como si fuera de su propiedad.

Después del intercambio de regalos, traen una copa de vino y el sacerdote hace una incisión en el brazo de uno de los hombres y deja gotear su sangre dentro del vino.

Luego hace una incisión en el brazo del otro hombre y deja gotear su sangre dentro de la misma copa.

Luego se mezcla el vino mezclando asi las sangres. A continuación se le entrega la copa a uno de los hombres quien bebe parte de su contenido, luego se la entrega al otro hombre y él bebe el resto.

Cuando la han bebido, con frecuencia frotan sus muñecas para mezclar sus sangres, o tocan con su lengua la herida del otro.

Se han convertido en hermanos de sangre.

ASPECTO SAGRADO DEL PACTO DE SANGRE

El Sr. Stanley dijo que él nunca había sabido de un caso en el cual este pacto haya sido violado en África, no importa cuál haya sido la provocación.

El Dr. Livingstone también confirma esto diciendo que él nunca supo de un caso en el cual el pacto haya sido roto o violado.

En otras partes del mundo también hay informes que verifican que nunca se ha sabido de un caso en el que el Pacto de Sangre haya sido violado.

Este es un pacto perfectamente sagrado entre los pueblos primitivos.

En África, si uno fuera a romper el pacto, su propia madre o esposa, o sus parientes más cercanos buscarían matarlo, lo entregarían en manos del vengador para ser destruido. Ningún hombre que rompa el pacto, puede vivir en África ... porque maldice la misma tierra que pisa.

El más vil de los enemigos se transforma en un amigo de confianza tan pronto como se corta el pacto.

Ningún hombre se aprovecha del pacto o lo viola.

Es tan sagrado que los hijos hasta la tercera y cuarta generación lo veneran y lo guardan.

En otras palabras, es un pacto perpetuo, indisoluble, un pacto que no puede ser anulado.

Capítulo Tres

EL PACTO EN EL ÁFRICA

Una ilustración dada por Stanley puede ayudarnos a entender el significado del mismo.

Cuando Stanley andaba buscando a Livingstone, entró en contacto con una poderosa tribu ecuatorial. Era una tribu muy guerrera.

Stanley no estaba en ninguna condición de pelear con ellos.

Finalmente, su intérprete le preguntó porqué no hacía un pacto con ellos.

Stanley le pidió que le explicara de qué se trataba eso, y él le dijo que significaba beber la sangre el uno del otro.

Tal rito le resultaba repugnante a Stanley, pero las condiciones continuaban empeorando, hasta que finalmente el joven negro le preguntó nuevamente si porqué no cortaba un pacto con el cacique de la tribu.

Stanley quiso saber cuáles serían los resultados de tal pacto, y el intérprete le contestó: "Todo lo que el cacique tiene será suyo, si Ud. lo necesita".

Esto le pareció ventajoso a Stanley, quien investigó más el asunto.

Después de varios días de negociaciones, llegaron a un acuerdo con respecto al pacto.

Primero, hubo un parlamento en el cual el cacique interrogó a Stanley acerca de sus motivos, su posición, y su capacidad para observar el pacto.

El próximo paso fue un intercambio de regalos.

El viejo cacique quería que Stanley le diera su nueva cabra blanca.

Stanley estaba mal de salud y la leche de cabra era casi lo único que él podía ingerir para nutrirse, de modo que le resultaba muy difícil renunciar a su cabra, pero parecía que el cacique no quería ninguna otra cosa a cambio.

De modo que finalmente, él le entregó la cabra y el viejo cacique le entregó a Stanley su lanza de siete pies de largo, toda enchapada en cobre.

Stanley pensó que había salido perdiendo en este intercambio, pero luego descubrió que en cualquier lugar donde él fuera en África con esa lanza, todos los nativos se inclinaban y se sometían a él.

El viejo cacique luego trajo a uno de sus príncipes.

Stanley presentó a uno de sus hombres, de Inglaterra.

Entonces el sacerdote pasó al frente con una copa de vino, hizo una incisión en la muñeca del joven negro, y dejó que la sangre goteara dentro de la copa de vino. Luego hizo una incisión en la muñeca del joven inglés y dejó gotear su sangre también dentro de la copa de vino.

Luego mezcló el vino para que las dos sangres se mezclaran.

El sacerdote luego entregó la copa al joven inglés y éste bebió parte de su contenido; luego se la entregó al joven negro, el cual bebió el resto.

A continuación, frotaron sus muñecas una contra la otra de modo que la sangre de ambos se mezclara.

Y a partir de este momento se volvieron hermanos de sangre.

Estos dos hombres eran sólo substitutos, pero ellos comprometieron a Stanley y al cacique, y a los hombres de Stanley y los soldados del cacique, a un pacto de hermandad de sangre que era indisoluble.

Luego se frotó pólvora en las heridas de modo que cuando cicatrizaran quedara una marca negra, que indicara que ambos eran hombres del pacto.

El próximo paso en esta ceremonia fue el plantar árboles, árboles conocidos por su longevidad.

Después de plantar los árboles, el cacique dio un paso adelante y gritó, "Venid, comprad y vended con Stanley, porque él es nuestro hermano de sangre."

Unas cuantas horas antes, los hombres de Stanley tenían que montar guardia alrededor de sus fardos de telas de algodón y otras baratijas, pero ahora podían haber abierto los fardos y haberlos dejado en la calle y nadie los habría tocado.

Porque para cualquier persona, robarle a Stanley, un hermano de sangre, significaba la pena de muerte.

El viejo cacique no podía hacer demasiado a favor de su nuevo hermano de sangre.

Stanley no podía entender del todo el aspecto sagrado de este pacto, y por muchos años después, todavía tenía sus interrogantes al respecto.

BENDICIONES Y MALDICIONES

No he mencionado un aspecto muy importante de esta ceremonia.

Tan pronto como los dos jóvenes bebieron la sangre del otro, un sacerdote dio un paso adelante y pronunció las más horribles maldiciones que Stanley había escuchado en su vida; maldiciones que vendrían sobre aquel que violara el pacto.

Luego el intérprete de Stanley hizo su parte y pronunció maldiciones sobre el viejo rey, su esposa, sus hijos y su tribu, si violaban el pacto con Stanley.

¿Recuerda Ud. que cuando Moisés repartió la tierra a las diferentes tribus, él llamó la atención de ellos sobre la montaña de maldiciones y la montaña de bendiciones?

En Deuteronomio, capítulos 11 y 27, Ud. puede encontrar las maldiciones y las bendiciones del Viejo Pacto.

La maldiciones se pronunciaban desde el monte de las maldiciones todos los años, y las bendiciones se pronunciaban desde el monte de las bendiciones todos los años.

EL MEMORIAL

La ceremonia de plantar árboles era algo que siempre se hacía, si se encontraban en un país donde crecían árboles.

Estos se llamaban árboles memoriales o árboles del Pacto.

Si se encontraban en un lugar donde no crecían árboles, ellos erigían una pila de rocas, o erigían un monumento como un memorial para recordarse a sí mismos y a sus descendientes que eran socios en un pacto indisoluble.

Uds. deben recordar que Abraham le dio a Elimelec unos corderos, y que los corderos servían de memorial.

A medida que crecieran los corderos y el rebaño creciese, ese rebaño sería un continuo recordatorio del Pacto que habían cortado.

A partir del momento en que se solemniza un pacto, todo lo que el hombre del pacto de sangre tiene en el mundo está a disposición de su hermano de sangre, si éste lo necesita; y sin embargo este hermano nunca le pediría nada, a menos que estuviera absolutamente impulsado por la necesidad a hacerlo.

Algunas de las más hermosas historias que conozco en el mundo, son historias de hermanos de sangre.

Otra característica de esto es, que tan pronto como dos personas cortan el pacto de sangre, las otras personas los reconocen como hermanos de sangre y los llaman hermanos de sangre.

Capítulo Cuatro

JEHOVÁ CORTA EL PACTO CON ABRAHAM

Cuando Dios entró en el pacto con Abraham, hubo varios sucesos notables que tuvieron lugar.

Entre ellos estaba el cambio de nombre de Abram y Sarai a Abraham (príncipe de Dios) y Sara (princesa de Dios).

En otras palabras, El los elevó al nivel de familia real, antes de cortar el pacto con ellos.

El Pacto Abrahámico que es la base del Judaísmo y el Cristianismo, es el más maravilloso documento existente.

Fue sellado con la circuncisión. (Génesis 17.)

Este pacto comprometía a Abraham y a sus descendientes por medio de lazos indisolubles con Jehová y comprometía a Jehová con Abraham y sus descendientes por medio del mismo símbolo solemne.

EL CORTE DEL PACTO

Cuando Abraham tenía 99 años de edad, Dios; le apareció a él como "Dios, El Shaddai".

El le dijo a Abraham, "Anda delante de mí y sé perfecto. Y pondré mi pacto entre mí y ti, y te multiplicaré en gran manera."

Vemos a Abraham postrado sobre su rostro. Dios está hablando con él. y le dice, "He aquí mi pacto es contigo, y serás padre de muchedumbre de gentes. Y no se llamará más tu nombre Abram, sino que será tu nombre Abraham, porque te he puesto por padre de muchedumbre de gentes."

En Génesis 15:6, Dios le hizo una promesa a Abraham, y dice: "Y creyó a Jehová, y le fue contado por justicia."

Esta palabrea "creer" significa que Abraham hizo con Dios un "compromiso incondicional" de sí mismo y de todo lo que él era o llegaría a ser.

La palabra "creer", aquí en el hebreo significa no sólo una "confianza de amor," sino que también significa "darse a sí mismo completamente" o "ser parte de Él mismo" o "entrar dentro de él" o un "compromiso incondicional."

Abraham se dio a sí mismo a Dios en total abandono de sí mismo.

Sobre este terreno, Dios dijo, "Tráeme" esto es, como un substituto de Dios, "un animal y mátalo."

Abraham lo hizo.

Luego Dios dijo "Mi substituto ha sido muerto, y yo quiero que te circuncides", para que su sangre se mezclara con la sangre del substituto de Dios.

Cuando esto fue cumplido, Dios y Abraham habían entrado en el Pacto.

Esto significaba que todo lo que Abraham tenía o pudiera llegar a tener había sido puesto sobre el altar.

Significaba que Dios debía sostener y proteger a Abraham hasta el fin.

Cuando Dios cortó el Pacto con Abraham, debido a este Pacto, la nación Israelita nació como Pueblo del Pacto.

Este Pacto estaba limitado a Israel, a los hijos de Abraham, y estaba respaldado por la Promesa y el Juramento de Dios. Génesis 22:16-18.

ALGUNOS HECHOS DEL PACTO

El Sello del Pacto era la circuncisión.

Todo hijo varón de ocho días de edad era circuncidado, y la circuncisión era la entrada al Pacto Abrahámico.

Cuando un niño era circuncidado, él entraba en el Pacto, y por ende ese niño se transformaba en un heredero de todo lo que estaba conectado con el Pacto.

Si el padre o la madre del niño llegaban a morir, otro Israelita estaba obligado a cuidar del niño; o si el esposo muriera, a cuidar de la viuda. Es la Ley del Pacto.

Todas las cosas estaban puestas sobre el altar de este Pacto.

Si el guardar el Pacto con un hermano de sangre, significaba la muerte o la pérdida de la esposa, o del primogénito, o la destrucción de su propiedad, o de su propia vida, todo, todas las cosas estaban puestas sobre el altar.

LAS OBLIGACIONES DEL PACTO

Génesis 17: 13 dice, " .. y estará mi pacto en vuestra carne como pacto perpetuo."

Todo hijo varón de ocho días de edad era circuncidado. Esta marca en sus cuerpos era el sello del lugar que ellos ocupaban en el Pacto, y mientras Israel guardó este Pacto, que fue renovado con Moisés, no hubo suficientes enemigos en todo el mundo para conquistar ni una de sus villas pequeñas.

Cuando Dios sacó a Israel de Egipto por medio de Moisés, ellos no tenían ley, ni sacerdocio.

Luego Dios les dio los diez mandamientos, el sacerdocio, la expiación, los sacrificios, las ofrendas, y las leyes que gobiernan los sacrificios y las ofrendas, el macho cabrío, y la adoración. Todas estas cosas pertenecían al Pacto.

El Pacto no pertenecía a los diez mandamientos, como dicen los modernistas, sino que le Pacto era la razón de la Ley.

Se llamaba la ley del Pacto.

Israel era el pueblo del Pacto.

Lea Exodos y Levítico cuidadosamente, notando cuándo la palabra "expiación" ocurre por primera vez, cuándo se dio la ley, y cuándo se separó el sacerdocio.

Estudie Levítico 16 y 17 cuidadosamente. Note lo que significaba la sangre y note el significado de la palabra "expiación".

Capítulo Cinco

EL SACRIFICIO DE ABRAHAM

"Toma ahora a tu hijo, tu único, Isaac, a quien amas ..."

Ud. ya conoce el resto de esta temible orden que fue dada al hombre, Abraham, mientras él permanecía transfigurado en la presencia del ángel del Pacto.

No hubo vacilación de parte de Abraham.

Considere lo que esto significaba para él. Sabemos cómo él había anhelado tener un hijo.

Sabemos cómo él había expresado su anhelo a Jehová, en aquellos años cuando parecía que tal posibilidad había desaparecido para siempre.

Luego Jehová le prometió un hijo.

Génesis 17: 15 - 17: "Dijo también Dios a Abraham: A Sarai tu mujer no la llamarás Sarai, mas Sara será su nombre. Y la bendeciré, y también te daré de ella hijo; sí, la bendeciré, y vendrá a ser madre de naciones; reyes de pueblos vendrán de ella. Entonces Abraham se postró sobre su rostro, y se rió, y dijo en su corazón: ¿A hombre de cien años ha de nacer hijo? ¿Y Sara, ya de noventa años, ha de concebir?

"... Respondió Dios: Ciertamente Sara tu mujer te dará a luz un hijo, y llamarás su nombre Isaac; y confirmaré mi pacto con él como pacto perpetuo para sus descendientes después de él." Génesis 17:19.

Abraham y Sara eran viejos. Abraham tenía casi cien años de edad, y Sara tenía noventa. En el ámbito de los sentidos, llegar a ser padres de un niño era imposible para ellos, porque las escrituras nos dicen en Génesis 18:11 "Y Abraham y Sara eran viejos, de edad avanzada; y a Sara le había cesado ya la costumbre de las mujeres."

Pero Abraham no consideró su propio cuerpo que estaba casi muerto, ni la esterilidad de Sara sino que poniendo su mirada en Dios, se fortificaba.

El consideraba que Dios era capaz de cumplir con cualquier cosa que El prometiera. La escrituras nos dicen, "Abraham creyó en Dios".

Génesis 21:1-3 "Visitó Jehová a Sara, como había dicho, e hizo Jehová con Sara como había hablado. Y Sara concibió y dio a Abraham un hijo en su vejez, en el tiempo que Dios le había dicho. Y llamó Abraham el nombre de su hijo que le nació, que le dio a luz Sara, Isaac" (que significa risa).

El niño creció hasta tener 18 o 20 años de edad; entonces Dios le pidió el joven.

El dijo: "Toma ahora tu hijo, tu único, Isaac, a quien amas y vete a tierra de Moriah y ofrécelo allí en holocausto sobre uno de los montes que yo te diré." Génesis 22:2.

Abraham no vaciló, a pesar que significaba renunciar a todo lo que él más amaba; sino que tomó al joven y emprendió ese viaje de tres días y tres noches.

Llegaron al Monte Moriah y juntos construyeron el altar.

Abraham puso al joven en el altar y sacó el cuchillo para degollar a su hijo, cuando el Ángel del Señor le gritó, diciendo: "¡Abraham! ¡Abraham! detén tu mano."

Dios había encontrado un hombre que guardaría el Pacto; El había encontrado un hombre capaz de vivir dentro del Pacto.

Escuchemos ahora lo que dijo Dios: "Por mí mismo he jurado, dice Jehová, que por cuanto has hecho esto, y no me has rehusado tu hijo, tu único hijo; de cierto te bendeciré y multiplicaré tu descendencia como las estrellas del cielo ..." Génesis 22:16 y 17.

¿Ha notado Ud. esto de: "Por mí mismo he jurado" ? El trono mismo de Dios viene a ser la garantía de Su promesa.

Es lo más solemne que un hombre puede concebir.

Abraham había probado que era digno de la confianza de Dios.

UN DIOS QUE GUARDA EL PACTO

¿Recuerda que antes que esto ocurriera, cuando Dios se aprestaba a destruir Sodoma y Gomorra, El dijo que no sería bueno hacerlo sin antes conversarlo con Abraham?

Recuerde la gran apelación que Abraham le hizo a Dios, y cómo él habló con Dios de una manera que nos asombra.

El le dijo: "EL Juez de toda la tierra, ¿ no ha de hacer lo que es justo?"

Luego él comenzó a implorar a favor de los justos en aquellas ciudades, y Dios le permitió a este hombre, sobre la base de su relación de Pacto de Sangre, ser el intercesor a favor de las inicuas ciudades de Sodoma y Gomorra.

Cuando Abraham entró en el Pacto, él ganó el derecho de actuar como árbitro entre los hombres inicuos de la tierra y el Dios de toda la tierra.

Abraham estableció así un precedente de intercesión acorde con el Pacto de Sangre, que ha permanecido a través de todas las edades.

Capítulo Seis

EL PACTO ABRAHAMICO

El Pacto Abrahámico era la razón de la existencia de Israel.

No habría existido como nación si Dios no les hubiera dado el Pacto.

Ud. recordará que Isaac nació después que Abraham había cumplido cien años de edad, y Sarah, ya tenía más de noventa años de edad.

Isaac, padre de la nación Israelita, era un niño milagro.

Esa nación bajó a Egipto, después que los nietos de Isaac se hicieron hombres. Fueron liberados y sacados de Egipto, 400 años más tarde, después de haber servido en esclavitud por 300 años.

Ninguna nación había sido liberada de esta manera nunca antes. Esta fue la experiencia nacional más extraña y más única de la historia.

Ellos fueron liberados porque eran el Pueblo de Dios, el pueblo del Pacto de Sangre.

En Éxodo 2, cuando Dios escuchó los gemidos de Israel en Egipto, El dijo que se acordó de su Pacto que había hecho con Abraham, Isaac, y Jacob.

Dios mandó a Moisés a Egipto para liberar a los descendientes del Pacto de Sangre hecho con Abraham.

Dios no podía violar el Pacto. El no podía olvidarlo o ignorarlo.

El es un Dios que guarda el Pacto.

Respaldando a Israel estaba este solemne Pacto que Dios había sellado de Su parte, sometiéndose a sí mismo a una total, y absoluta esclavitud con respecto a ese Pacto.

Dios y Israel estaban atados el uno al otro.

Mientras Israel guardó el Pacto, no hubo enfermos entre los Israelitas.

Cuando El dijo, "Yo soy Jehová, tu sanador", eso es todo lo que ellos necesitaban saber.

Jehová era su único médico.

El no sólo era su médico, sino que él era su Socorro, El era su Protector.

No existía entre ellos una esposa estéril, ningún bebé se moría nunca, ningún joven ni ninguna joven se morían a menos que violaran el Pacto.

Mientras guardaron el Pacto, no existieron suficientes ejércitos aliados en el mundo que pudieran conquistar ni una pequeña villa.

En batalla, ningún soldado era herido.

Eran hombres del Pacto de Sangre.

Moisés los guió fuera de Egipto y hacia el desierto más árido ... comparable con nuestro desierto de Mojave ... y sobre la base del Pacto, Dios les suplió de agua para sí mismos y para sus ganados y de maná para la gente.

Cuando salieron de Egipto, lo hicieron por medio de señales y maravillas que asombraron a todo el mundo de aquella época, y que han sido la maravilla y el asombro del mundo desde entonces.

Dios los preservó como nación porque eran Su pueblo del Pacto.

Cuando ellos pecaron y violaron el Pacto, fueron llevados en cautiverio hacia Babilonia.

Acababan de pecar en contra del Pacto. Habían hecho caer juicio sobre sí mismos.

Pero en medio de todo eso, Dios recordó el Pacto que había hecho con Abraham años antes. A ellos les había sido dada una Revelación de Dios.

Nosotros lo llamamos el Viejo Pacto, lo llamamos la Ley de los Profetas y los Salmos.

A Israel le fue dada esta Revelación de Dios y esta Ley de Dios porque eran el pueblo del Pacto de Sangre de Dios.

Por eso Dios les dio después a Jesús; porque eran el pueblo del Pacto de Sangre.

Jesús era el fundador del Nuevo Pacto. Nosotros tenemos ese Nuevo Pacto, porque ellos tenían el Pacto Abrahámico.

Nosotros entramos en las extrañas bendiciones en las que ellos entraron, y más ricas aún, debido al Nuevo Pacto del cual Jesús es el fiador.

Capítulo Siete

ISRAEL, EL PUEBLO DEL PACTO DE SANGRE

Quiero llamar su atención hacia varios milagros relacionados con Israel, el pueblo del Pacto de Sangre.

Este Pacto les garantizaba protección física ... protección contra sus enemigos, la pestilencia y las enfermedades.

Ellos entraron en Egipto y se volvieron una gran nación de más de tres millones de habitantes. Dios los sacó de allí por medio de una serie de milagros que absolutamente desafían la razón humana.

El hizo esto porque El estaba en una relación de Pacto de Sangre con ellos, y estaba bajo la obligación de liberarlos.

Cuando estaban parados en la rivera del Mar Rojo, después que habían sido liberados de su esclavitud, Dios dijo : "Yo soy Jehová tu Sanador".

Luego El les prometió que ninguna de las enfermedades de los egipcios vendrían sobre ellos.

El era su Médico del Pacto de Sangre. Nos cuesta entender esto.

Sabemos que por cuarenta años, ellos vagaron en el desierto.

Dios les dio la nube que los protegía del implacable sol del desierto, y por las noches les dio el pilar de fuego para que les diera luz y calor.

Dios les dio alimento y agua. El suplió todas sus necesidades.

LA LEY Y EL SACERDOCIO

Fue entonces que Dios les dio la Ley del Pacto de Sangre.

Nosotros la llamamos la Ley Mosaica, porque Moisés fue el instrumento a través del cual la misma fue dada a Israel.

Esta ley fue dada para separarlos de los otros pueblos de la tierra. Era para hacerlos un pueblo peculiar sobre el cual Dios pudiera conferir bendiciones insólitas, y esto, sobre la base del Pacto de Sangre.

El Pacto era el eje alrededor del cual giraba toda la vida de Israel.

Después que se dio la Ley, esta Ley fue violada. Se imponía la necesidad de un sacerdocio.

Nunca antes había existido un sacerdote divinamente nombrado en la raza humana, pero ahora Dios designó el Sacerdocio, y el Sumo Sacerdote.

Con el Sacerdocio fueron dadas las Ofrendas de Expiación. Nunca antes había existido una Ofrenda de Expiación o el Gran Día de la Expiación.

Todas las ofrendas que ellos habían conocido, habían sido las Ofrendas de paz o la Ofrenda del Todo Quemada (u Holocausto).

Ahora Dios, designa un sacrificio especial en el cual la sangre debía cubrir la violación de la Ley, y cubrir a un Israel espiritualmente muerto, de modo que Dios pudiera morar en medio de ellos.

La palabra "expiación" en el hebreo significa cubrir, y Dios la dio debido a que la vida está en la sangre, y esa vida en la sangre servía de cobertura para un Israel espiritualmente muerto y para su Ley violada, así como para la incapacidad de Israel de estar descubierto en la presencia de Dios.

El Sacerdocio del Pacto de Sangre se inició con el Sumo Sacerdote. El se volvió el fiador del Pacto. Era un intermediario entre Dios y el pueblo.

Una vez al año, El entraba en el Lugar Santísimo para

hacer la Expiación anual.

Esta era la única vez en la que el Sumo Sacerdote oficiaba, a menos que algún pecado grave hubiera estallado entre el pueblo.

La función del Sumo Sacerdote era peculiar en cuanto a que una vez al año, El llevaba a cabo la Cobertura o Expiación para el pueblo, y confesaba los pecados del pueblo sobre la cabeza del macho cabrío, y luego lo enviaba fuera del campamento, al desierto circundante para ser destruido.

Su presencia era necesaria para mantener la comunión de ellos y asegurar su protección.

Con la Expiación y el Sacerdocio, vinieron los sacrificios del Pacto de Sangre.

Las cinco grandes ofrendas mencionadas en los primeros siete capítulos de Levítico eran el Holocausto u Ofrenda del Todo Quemada, la Ofrenda de Harina, la Ofrenda de la Paz, la Ofrenda de la Expiación y la Ofrenda por el Pecado.

Estas ofrendas eran ofrendas de comunión y ofrendas para la ruptura de la comunión.

Tenían que ver con la vida diaria de la gente.

Cuando un Israelita estaba en comunión, él podía traer la Ofrenda del Todo Quemada o la Ofrenda de Harina, o la Ofrenda de la Paz.

Cuando había pecado en contra de su hermano, él podía traer la ofrenda de la Expiación.

Cuando había pecado en contra de las cosas santas de Dios, él traía la Ofrenda por el Pecado.

En este último caso, el Sumo Sacerdote oficiaba, bajo ciertas circunstancias.

Ellos eran un pueblo bajo el Pacto de Sangre y debían ser mantenidos en comunión, con las obligaciones y privilegios del Pacto de Sangre.

LAS BENDICIONES DEL PACTO

Dios estaba obligado a resguardarlos contra los ejércitos de las naciones que los rodeaban.

Dios estaba obligado a ver que su tierra rindiera abundantes cosechas.

Dios estaba obligado por el pacto a asegurar que sus rebaños y ganado se multiplicaran.

La mano de Dios estaba sobre ellos en bendición.

Ellos se transformaron en la cabeza de las naciones y de la riqueza.

Jerusalén se volvió la ciudad más rica que el mundo haya conocido.

Las laderas de sus colinas estaban irrigadas, sus valles rebosaban de abundancia.

No había ninguna ciudad como ella, ninguna nación como ella.

Dios era su Dios, y ellos eran el Pueblo del Pacto de Dios.

Bajo el Pacto, un hombre podía perseguir a mil en la guerra y dos podían poner diez mil a la fuga.

En los días de David, cuando la verdad del Pacto se transformó en una fuerza viviente en la nación, David tenía guerreros del Pacto de Sangre que individualmente podían matar a ochocientos hombres en un combate singular.

Ellos podían, sin armas, descuartizar un león como si fuera un cordero.

Tenían fuerza física y podían hacer proezas. Tenían la protección divina, la cual hizo de ellos, los guerreros más grandes que el mundo haya conocido.

Eran la gente peculiar de Dios. Eran el tesoro del corazón de Dios.

EL JUICIO

No hay un suceso más trágico en la historia humana que la destrucción de la ciudad de Jerusalén y el cautiverio del pueblo en Babilonia, como resultado de haber pecado contra el Pacto.

Los cielos se volvieron de bronce, la tierra como el hierro, su lluvia se volvió polvo; las enfermedades los afligieron; sus enemigos los arrollaron, hasta que su gran ciudad, la ciudad más rica que el mundo haya conocido, se volvió una pila de ruinas. El templo, que había costado más dinero que ningún otro en el mundo, fue completamente destruido y quedó aplastado, reducido a polvo y cenizas.

Ellos habían violado el Pacto.

Capítulo Ocho

EL NUEVO PACTO

Con esto tenemos una telón de fondo.

Llegamos al Nuevo Testamento, y vemos a Jesús y sus discípulos reunidos esa noche, víspera de la crucifixión.

Jesús dijo: " he ansiado partir este pan con vosotros y beber de esta copa"; y luego que hubo bendecido el pan, lo partió y dijo, " Esto es mi cuerpo que por vosotros es dado". Luego tomó la copa de vino y dijo, " porque esto es Mi sangre del Nuevo Pacto, que por muchos es derramada para remisión de los pecados".

El viejo Pacto de Sangre era la base sobre la cual se fundaba el Nuevo Pacto.

Ahora Ud. puede entender que cuando Jesús dijo, "Esta es mi sangre del Nuevo Pacto", los discípulos sabían lo que esto significaba. Ellos sabían que cuando cortaron el Pacto con Jesús en aquel aposento alto aquella noche, habían entrado el Pacto más fuerte y más sagrado que conociera el corazón humano.

JESUS, EL FIADOR

Jesús nos trae un Nuevo Pacto, habiendo desplazado y cumplido el Viejo Pacto. (Hebreos 10:9.)

Con el cumplimiento del Viejo Pacto, todo lo que estaba conectado al mismo, fue puesto de lado.

De la misma forma que el Viejo Pacto había sido sellado con la circuncisión, el Nuevo Pacto estaba sellado con el Nuevo Nacimiento.

El Viejo Pacto tenía al Sacerdocio Levítico.

El Nuevo Pacto tenía a Jesús como su Sumo Sacerdote y nosotros como el Sacerdocio Real y Santo. (1 de Pedro 2: 1-10)

El primer sacerdocio tenía un templo en el cual Dios moraba en el Lugar Santísimo con el Arca del Convenio. Éxodo 40.

En el Nuevo Pacto, nuestros cuerpos son el templo de Dios y el Espíritu mora dentro de ellos.

Jehová es la garantía del Viejo Pacto.

Hebreos 7:22 " Por tanto, Jesús es hecho fiador de un mejor pacto."

Jesús respalda cada frase del Nuevo Pacto.

El es el gran Intercesor del Nuevo Pacto. " por lo cual puede también salvar perpetuamente a los que por él se acercan a Dios, viviendo siempre para interceder por ellos." Hebreos 7:25.

Dios se comprometió con el Viejo Pacto por medio de un juramento. El dijo: Por Mí mismo he jurado".

De la misma manera que Dios respalda el Viejo Pacto y es su fiador, así también Jesucristo es el fiador de cada Palabra en el Nuevo.

Qué fe invencible debiera construirse sobre un fundamento como éste.

Los recursos del Cielo están respaldando a Jesús y respaldando ese Pacto.

Capítulo Nueve

CONTRASTE ENTRE LOS DOS PACTOS

La Biblia está compuesta de dos pactos, contratos, o acuerdos.

El primer pacto fue hecho entre Abraham y Jehová. Fue sellado con la circuncisión. Génesis 17.

Con frecuencia se lo llama la "Ley del Convenio" o el "Pacto Mosaico". Ambos títulos son incorrectos.

Es el Pacto Abrahámico, la Ley que fue dada a través de Moisés pertenecía al Pacto.

Cuando los israelitas fueron liberados de Egipto, no tenían ni ley ni gobierno, y por lo tanto, Jehová les dio la ley.

La llamamos la Ley Mosaica. Exodos 20.

Es la Ley del Pacto, con sus sacerdocios, sacrificios, ceremonias y ofrendas.

Tan pronto como se dio la ley, se la violó. Entonces Dios proveyó la Expiación (o cobertura) para la ley violada. Exodos 24.

La palabra Expiación" significa "cubrir". No es una palabra del Nuevo Testamento, no aparece en el griego del Nuevo Testamento.

¿Porqué?

Porque la sangre de Jesucristo limpia, en vez de meramente cubrir.

El primer pacto no abolió el pecado, solamente lo cubrió

No dio Vida Eterna o El Nuevo Nacimiento. Dio una promesa de ello.

No dio comunión con Dios. Dio un tipo de comunión.

Dio protección a Israel como nación, satisfizo sus necesidades físicas.

Dios era el Sanador, Proveedor y Protector de Israel.

No podemos separar la Ley de Moisés y el Pacto, de modo que cuando el Pacto se cumplió, la Ley fue cumplida y puesta de lado.

Hebreos 10:1: "Porque la ley, teniendo la sombra de los bienes venideros, no la imagen misma de las cosas, nunca puede, por los mismos sacrificios que se ofrecen continuamente cada año, hacer perfectos a los que se acercan."

Tanto la Ley como el Primer Pacto eran una sombra.

Los sacrificios nunca podían hacer al hombre perfecto bajo el Pacto, "De otra manera cesarían de ofrecerse, pues los que tributan este culto, limpios una vez, no tendrían ya más conciencia de pecado."

La sangre de toros y machos cabríos no limpiaba la conciencia, no quitaba la conciencia de pecado en el hombre.

La inferencia es que hay un sacrificio que quita la conciencia de pecado de modo que el hombre pueda entrar en la presencia de Dios libre de condenación.

Romanos 8:1: "Ahora, pues, ninguna condenación hay para los que están en Cristo Jesús."

Romanos 5:1: "Justificados, pues, por la fe, tenemos paz para con Dios por medio de nuestro Señor Jesucristo;"

Romanos 3:26, Dios se vuelve nuestra Justicia o nuestra Justificación, "con la mira de manifestar en este tiempo su justicia, a fin de que él sea el justo y el que justifica al que es de la fe de Jesús."

EL MINISTRO DEL SANTUARIO

El Primer Pacto fue sellado con la sangre de Abraham y Dios sacrificó un animal.

Este Nuevo Pacto está sellado con la sangre de Jesucristo, el propio Hijo de Dios.

Hebreos 8:1: " tenemos tal sumo sacerdote, el cual se sentó a la diestra del trono de la Majestad en los cielos."

El es el ministro del verdadero tabernáculo, preparado por el Señor en vez de Moisés.

Todo se centraba alrededor del Sumo Sacerdote en el Viejo Pacto. Cuando el Sumo Sacerdote fallaba, la gente no tenía acceso a Dios.

Todo se centra alrededor de nuestro Nuevo Sumo Sacerdote bajo el Nuevo Pacto, pero nuestro Sumo Sacerdote nunca puede fallarle a Su gente.

"Pero ahora tanto mejor ministerio es el suyo cuanto es mediador de un mejor pacto, establecido sobre mejores promesas"

El Sumo Sacerdote era un mediador terrenal entre Israel y Jehová. Jesús es el Mediador del Nuevo Pacto.

Capítulo Diez

UN ESTUDIO DE HEBREOS

El libro de Hebreos tiene varios contrastes vitales.

Está el contraste entre Moisés y Jesús; entre Arón, el Sumo Sacerdote, y Jesús el Nuevo Sumo Sacerdote; y el contraste entre la sangre de los toros y machos cabríos y la sangre de Cristo.

Es no sólo un contraste entre las dos sangres, sino que contrasta los dos tabernáculos ... el que fue levantado por Moisés y el que está en el Cielo. En éste último es que entra Jesús, y está sentado allí como nuestro Sumo Sacerdote.

Su hogar es el Lugar Santísimo.

El Sacerdote en el Viejo Pacto, podía sólo permanecer lo suficiente como para hacer la Expiación.

Hebreos 9: 21-23: nos dice cómo el tabernáculo y todos los vasos del ministerio fueron limpiados con su sangre.

"Y además de esto, roció también con la sangre el tabernáculo y todos los vasos del ministerio.

Y casi todo es purificado, según la ley, con la sangre, y sin derramamiento de sangre no se hace remisión. Fue, pues, necesario que las copias de las cosas en el cielo fuesen purificadas así; pero las cosas celestiales mismas, con mejores sacrificios que estos."

Esto es algo sorprendente, pero el pecado de Adán había tocado el cielo mismo.

El verso 24, "Porque no entró Cristo en el santuario hacho de mano, figura del verdadero, sino en el cielo mismo para presentarse ahora por nosotros ante Dios."

Esta es la culminación de todo.

Esto nos permite ver el contraste entre el valor que Dios

da a la sangre de Cristo y a la sangre de toros y machos cabríos.

A medida que nosotros aprendemos a valorar la sangre de Cristo de la misma manera que Dios la valora, el problema de nuestra posición y relación nunca entra en nuestras mentes.

EL NUEVO MEDIADOR

La sangre de toros y machos cabríos, bajo el primer Pacto, solamente limpiaba o santificaba la carne, pero la sangre de Cristo sirve para "limpiar nuestra conciencia de obras muertas" de modo que podamos presentarnos sin condenación en la presencia del Dios vivo.

Debido a que Dios aceptó la sangre de Jesús cuando él la llevó hasta el Lugar Santísimo, El ahora es, por ese acto, el Mediador del Nuevo Pacto.

1 Timoteo 2: 5: "Porque hay un solo Dios, y un solo mediador entre Dios y los hombres, Jesucristo hombre,"

La razón por la cual el hombre necesita un mediador es porque ha perdido su posición con Dios. No tiene ninguna base sobre la cual puede acercarse a El.

El hombre en su estado natural está fuera de la ley.

Efesios 2:2: describe su triste condición "sin Dios y sin Esperanza."

Jesús es ahora el Medidor entre Dios y el hombre caído.

La sangre de toros y machos cabríos no quitó el pecado simplemente lo cubrió temporariamente.

Pero cuando vino Cristo, El redimió a todos aquellos que habían confiado en la sangre de toros y machos cabríos.

"El murió para la remisión de las transgresiones que había bajo el primer pacto".

Esos sacrificios, bajo el viejo pacto, eran como una

nota promisoria, que El pagó en el Calvario.

Dios guardó Su Pacto con Israel cuando El mandó a Su Hijo a quien hizo pecado, El puso sobre El todos los pecados bajo el Primer Pacto, para que al aceptarlo a El como su Salvador, Israel pudiera entrar en la Redención prometida.

EL QUITO DE EN MEDIO EL PECADO

Esta es la gran enseñanza en el corazón del libro de Hebreos.

Bajo el Primer Pacto, el pecado estaba "cubierto". Lo mejor que tenían los Israelitas bajo el Primer Pacto era la cobertura de la sangre o expiación.

Ud. recuerda que la palabra "expiación" significa "cubrir".

Pero bajo el Nuevo Pacto, nuestros pecados no están cubiertos. Han sido quitados de en medio o abolidos, hay remisión de pecados.

Es como si nunca hubieran existido.

Hebreos 9:25-26: "Y no para ofrecerse muchas veces, como entra el sumo sacerdote en el Lugar Santísimo cada año con sangre ajena. De otra manera le hubiera sido necesario padecer muchas veces desde el principio del mundo; pero ahora, en la consumación de los siglos, se presentó una vez para siempre por el sacrificio de sí mismo para quitar de en medio el pecado."

La expresión "consumación de los siglos": realmente significa," donde las dos edades se encuentran".

El viejo método de contar terminó con la cruz, y con ella comenzó el nuevo tiempo.

Lo que estaba entre Dios y el hombre era la transgresión de Adán.

Jesús la quitó de en medio.

2 Corintios 5:21: "Al que no conoció pecado, por nosotros lo hizo pecado, "

Jesús solucionó el problema del pecado, hizo posible que Dios efectuara la remisión legal de todo lo que nosotros habíamos hecho, y nos diera Vida Eterna, transformándonos en una Nueva Creación.

2 Corintios 5:17-18: "De modo que si alguno está en Cristo, nueva criatura es: las cosas viejas pasaron; he aquí todas son hechas nuevas. Y todo esto proviene de Dios, quien nos reconcilió consigo mismo por Cristo, y nos dio el ministerio de la reconciliación."

Capítulo Once

EL ÚNICO SACRIFICIO

El cambio del Pacto, y el cambio en el Sacerdocio, dejó a Israel casi en la calle.

Abandonar el bello templo para ir a predicar en las calles, predicar en las cabañas, y en los bosques, era una innovación que lo deja a uno atónito.

El sacrificio único hecho por Cristo terminó con la matanza de animales, y con el llevar de la sangre al Lugar Santísimo.

Terminó con la necesidad de cubrir el pecado.

"Pero Cristo, habiendo ofrecido una vez para siempre un solo sacrificio por los pecados, se ha sentado a la diestra de Dios."

Esta ofrenda hecha "para siempre" terminó con los machos cabríos expiatorios que llevaban el pecado del pueblo.

Ud. debe leer cuidadosamente Levítico 16: 1-22 para tener una idea completa del Gran Día de la Expiación y del macho cabrío expiatorio.

Este era el día anual de humillación y de expiación por los pecados de la nación, cuando el sumo sacerdote hacía expiación por el santuario, los sacerdotes y la gente.

El sumo sacerdote, poniendo de lado sus ornamentos oficiales, primero ofrendaba una ofrenda de pecado por sí mismo y por el sacerdocio, entrando en el Lugar Santísimo con la sangre.

Luego tomaba dos machos cabríos y los ofrecía por la nación. Se mataba uno para Jehová. Sobre la cabeza del otro se ponían los pecados de la gente; y éste era el que llevaba el pecado de la nación; cargado de culpa, se lo mandaba al desierto.

Marcos 15:38 nos habla de la muerte de Jesús y de cómo se rasgó el velo entre el Lugar Santo y el Lugar Santísimo donde la sangre era llevada y rociada sobre el Propiciatorio.

Este era el fin del Lugar Santísimo sobre la tierra.

Era el comienzo del Nuevo Pacto en Su Sangre.

Hechos 20:28 nos dice que ésta era la sangre de Dios.

Hebreos 9:12 nos dice que El llevó la misma sangre de la Deidad al Lugar Santísimo en el Nuevo Tabernáculo, no hecho con manos, en los cielos.

Es lo que se llamó el sacrificio "para siempre".

Capítulo Doce

EL MINISTERIO PRESENTE DE CRISTO

El ministerio presente de Cristo ha sido descuidado por la mayoría de los Cristianos. Muchos, cuando piensan en el hecho que El dio su vida por nosotros, piensan sólo en Su muerte y Resurrección.

No saben que cuando El se sentó a la diestra del Padre, El empezó a vivir por nosotros en tanta realidad como al morir por nosotros.

Ya no es el modesto hombre de Galilea. No es el Hijo hecho pecado por nosotros, abandonado de Dios.

El es el Señor de todo. Ha vencido a Satanás, al pecado y a la enfermedad. El ha vencido la muerte.

El tiene toda autoridad en el Cielo y en la tierra. Mateos 28:18.

Podemos actuar sin ningún miedo sobre su Palabra, porque El la respalda ... El es su Fiador .

El es el Fiador de este Nuevo Pacto, Hebreos 7:22.

JESUS, NUESTRO SUMO SACERDOTE

El Sumo Sacerdote del Viejo Pacto era un símbolo de Cristo, el Sumo Sacerdote del Nuevo Pacto.

Una vez al año, el Sumo Sacerdote bajo el Viejo Pacto había entrado en el tabernáculo sobre esta tierra con la sangre de toros y machos cabríos, para hacer la expiación anual por los pecados de Israel. Lea Hebreos 9:25 y 10: 1-4.

Los sacerdotes entraban a diario para ministrar y ofrecer los mismos sacrificios por los pecados de Israel. Hebreos 10:11.

Cristo entró en el Cielo mismo con Su propia sangre habiendo obtenido eternal redención para nosotros.

Cuando Dios aceptó la sangre de Jesucristo, El demostró que los reclamos de la Justicia habían sido satisfechos y que el hombre podía ser legalmente liberado de la autoridad de Satanás y ser restaurado a la comunión con El mismo.

Por el sacrificio de Sí mismo, Cristo había quitado el pecado de en medio.

Por el sacrificio de Sí mismo, El había santificado al hombre.

Santificar, significa "apartar" o "separar". El había separado al hombre del reino y de la familia de Satanás.

Cuando Cristo se encontró con María después de Su Resurrección, (Juan 20:17) El le dijo: "No me toques, porque aún no he subido a mi Padre".

Estaba en ese momento de camino al Padre con Su propia sangre, el símbolo de la penalidad que El había pagado y El no podía ser tocado por manos humanas.

El ministerio de Jesús como Sumo Sacerdote, no terminó cuando El llevó Su sangre al Lugar Santísimo, sino que El es todavía el ministro del Santuario. Hebreos 8: 2

La palabra "Santuario" en el griego significa "Cosas Santas".

El está ministrando en las "Cosas Santas". Estas "Cosas Santas" son nuestras oraciones y nuestra adoración.

Nosotros no siempre sabemos cómo adorarle a El como debiéramos, pero El toma nuestras peticiones y nuestra adoración, con frecuencia rudimentarios, y los hace hermosos para el Padre.

Toda oración, toda adoración es aceptada por el Padre cuando es presentada en el Nombre de Jesús.

El es un Sumo Sacerdote misericordioso y fiel. El tiene la capacidad de compadecerse de nuestras debilidades. Hebreos 4:14-16.

Es el Sumo Sacerdote para siempre. Hebreos 6:20.

JESUS, EL MEDIADOR

Cuando Cristo se sentó a la diestra del Padre, El satisfizo los reclamos de la Justicia, y se volvió el Mediador entre Dios y el hombre.

Jesús es el mediador del hombre por dos razones: por quién es El y por lo que El ha hecho.

Primero, Jesús es el mediador del hombre debido a quién es El ... El es la unión de Dios y el hombre.

El es el que existió en igualdad con Dios, habiendo sido hecho en la semejanza de los hombres. Filipenses 2: 8 y 9.

El ha servido de puente sobre el abismo entre Dios y el hombre. El es igual con Dios y es igual con el hombre.

El puede representar a la humanidad frente a Dios.

Esto, sin embargo, no era suficiente terreno para una mediación entre Dios y el hombre. El hombre era un criminal eterno frente a Dios. El hombre estaba alienado de Dios y bajo el juicio de Satanás.

Esto nos trae a la segunda razón: Jesús es el mediador del hombre debido a lo que El ha hecho.

Colosenses 1:21-22: ... "ahora os ha reconciliado en su cuerpo de carne, por medio de la muerte, para presentaros santos y sin mancha e irreprensibles delante de él."

2a Corintios 5:18: "quien nos reconcilió consigo mismo por Cristo."

No podía haber un mediador entre Dios y el hombre sin que hubiera antes una Reconciliación hecha entre Dios y el hombre.

El hombre era impío en su condición de muerte espiritual. Mientras que él estaba en esa condición, no podía acercarse a Dios. Tampoco podía ningún Mediador acercarse a Dios de parte del hombre.

Cristo nos ha reconciliado con Dios a través de su muerte en la cruz, de modo que ahora El presenta al hombre santo y sin mancha frente a Dios. Por lo tanto, el hombre tiene el derecho de acercarse a Dios a través de Cristo, su mediador.

Desde la caída del hombre, hasta que Jesús se sentó a la diestra de Dios, ningún hombre antes se había acercado a Dios excepto por la sangre del sacrificio, a través de un sacerdocio nombrado divinamente, por una visitación angélica o un sueño angélico.

Al ofrendar, como Sumo Sacerdote, Su propia sangre, El perfeccionó nuestra redención, El satisfizo los reclamos de la justicia e hizo posible que Dios pudiera legalmente dar al hombre Vida Eterna, haciéndolo justo y dándole una posición de Hijo.

El es el Mediador del Nuevo Pacto. Hebreos 9:15.

Jesús está sentado, El es el Sumo Sacerdote Mediador que presenta al hombre perdido a Dios.

El hombre no tiene otra manera de acercarse a Dios ahora sino a través de su Nuevo Mediador.

Por un sacrificio, El ha sacado el pecado de en medio, y en un sólo acto, ha llevado Su sangre al Lugar Santísimo.

Por ese sólo acto, Hebreos 10:19 declara que todos podemos entrar confiadamente a través del velo en la presencia misma del Padre y pararnos frente a El sin ninguna condenación.

¡Oh, si pudiéramos hacer entender a la iglesia esta bendita verdad.!

Se enseña tanta conciencia de pecado y tan poca conciencia de la obra consumada de Cristo.

Lo escuchamos clamar, en Hebreos 4:14-16: "Acerquémonos, pues, confiadamente al trono de la gracia, para alcanzar misericordia y hallar gracia para el oportuno socorro."

Parece que el Maestro está diciendo: "dejad de llorar y de gemir, venid con gozo al trono de los dones de amor y dejadme llenar vuestros canastos con bendiciones.

Hebreos 10:12-13 nos dice que un sólo sacrificio de su propia sangre ahora en la presencia del Padre, en el Propiciatorio, ha hecho todo esto disponible para aquellos que aceptan a Cristo como Salvador y Señor.

Su obra está completa. En la mente del Padre, nuestra Redención está completa.

JESUS, EL INTERCESOR

Jesús, como Sumo sacerdote, llevó Su sangre al Lugar Santísimo, satisfaciendo los reclamos de la Justicia que estaban en contra del hombre natural.

Como Mediador, El presenta el hombre no salvo aún, a Dios.

Juan 14: 6: Jesús es el camino, y la verdad, y la vida; nadie puede acercarse al Padre, sino por El. Tan pronto como el hombre acepta a Cristo, se transforma en un hijo de Dios. Entonces Cristo comienza su obra intercesora a favor de él.

Jesús es el mediador para el pecador, pero El es el intercesor para el Cristiano.

La primera pregunta que se nos plantea es: "¿ porqué un hijo de Dios necesita que alguien interceda por él?

Podemos encontrar la respuesta en Romanos 12:2.

En el Nuevo Nacimiento, nuestros espíritus recibieron la vida de Dios. La siguiente necesidad es que nuestras mentes sean renovadas.

Antes de entrar en la Familia, caminábamos como hombres naturales ... hombres regidos por Satanás. Porque Satanás regía nuestras mentes.

Ahora que nuestros espíritus han recibido la vida de Dios, nuestras mentes deben ser renovadas para que sepamos cuáles son nuestros privilegios y responsabilidades como hijos de Dios.

El Nuevo Nacimiento es instantáneo, pero la renovación de nuestra mente es un proceso gradual. Su crecimiento está determinado por nuestro estudio y meditación en la Palabra.

Durante este período necesitamos la intercesión de Cristo. Muchas veces afectamos negativamente nuestra relación con el Padre, por nuestra ignorancia de Su voluntad decimos y hacemos cosas que no son de Su agrado.

Entonces, nuevamente, necesitamos Su intercesión debido a la persecución demónica en contra de nosotros.

Los demonios nos persiguen debido a nuestra justicia. Ellos nos odian y nos temen porque Dios nos ha declarado justos.

Debido a que nosotros no hemos aprendido completamente cuál es nuestra autoridad, nos hacen tropezar muchas veces.

Sin embargo, El puede salvarnos perpetuamente debido a que vive siempre para interceder por nosotros. Hebreos 7:25.

Nadie puede acusar a los escogidos de Dios porque Dios los ha declarado justos. Nadie puede condenarlos. Jesús vive siempre para interceder por ellos. Romanos 8:33-34.

JESUS, EL ABOGADO

Vinimos al Padre a través de Cristo, nuestro Mediador.

Hemos sentido la dulce influencia de Su Intercesión a favor nuestro. Ahora queremos conocerlo como nuestro abogado frente al Padre.

Muchos Cristianos de hoy que están viviendo en comunión rota, podrían estar viviendo vidas victoriosas en Cristo si conocieran a Jesús como su Abogado.

Debido a que nuestras mentes no están renovadas, y a la persecución satánica, a veces pecamos haciendo que nuestra comunión con el Padre se rompa.

Cada hijo de Dios que rompe su comunión con el Padre está bajo condenación. Si no tuviera un abogado que defienda su caso frente al Padre, estaría en una posición difícil.

La palabra nos muestra que si pecamos, tenemos un abogado frente al Padre.

Considere el significado de la palabra "abogado". En el diccionario Webster, leemos: "uno que alega o defiende la causa de otro en una corte de ley; uno que defiende, reivindica, o se adhiere a una causa por alegato; un defensor, uno llamado a ayudar."

Cristo es nuestro defensor, nuestro apoyo. El está siempre allí, a la diestra de Dios, listo para venir en nuestra ayuda ... interceder a nuestro favor.

1 Juan 2:1: "Hijitos míos, estas cosas os escribo para que no pequéis; y si alguno hubiere pecado, abogado tenemos para con el Padre, a Jesucristo el justo."

1 Juan 1:3-9: nos muestra el método de Dios para mantener nuestra comunión con El. Si pecamos, rompiendo nuestra comunión, podemos renovarla confesando nuestro pecado.

El no puede actuar como nuestro abogado a menos que confesemos nuestros pecados. En el momento que los confesamos, él lleva nuestro caso frente al Padre.

La Palabra declara que cuando confesamos nuestros pecados, El es justo y fiel para perdonar nuestros pecados y limpiarnos de toda injusticia ... para limpiarlos como si nunca hubieran ocurrido.

Es absolutamente esencial que los Cristianos conozcan a su abogado. Muchos que están fuera de comunión, han confesados sus pecados muchas veces sin recibir un sentido de restauración, porque no sabían que Jesús era su abogado. No recibieron el perdón cuando confesaron sus pecados. No actuaron sobre la Palabra que declara que el Padre perdona en el momento en que ellos confiesan.

Ningún cristiano debiera permanecer en comunión rota ni un minuto más que el que se necesita para pedir perdón.

Lo que el Padre perdona, El olvida. Un hijo de El nunca debe deshonrar Su Palabra, al pensar otra vez en sus pecados.

JESUS, EL FIADOR

Jesús es nuestro fiador personal. Este es el más vital de todos los ministerios de Jesús a la diestra del Padre.

Bajo el Viejo Pacto, el Sumo Sacerdote era el fiador. Pero si él fallaba, se interrumpía la relación entre Dios e Israel. La sangre de la expiación perdía su eficacia.

Bajo el Nuevo Pacto, Jesús es el Sumo Sacerdote y el Fiador del Nuevo Pacto.

Nuestra posición frente al Padre es absolutamente segura. Sabemos que a todo lo largo de nuestra vida tenemos a la diestra del Padre, un Hombre que está allí a nuestro favor.

El nos está representando frente al Padre.

El siempre tiene una buena posición con el Padre.

Siempre, sin importar cuál sea nuestra posición, tenemos uno que nos está representando frente al Padre.

Nuestra posición es segura.

Capítulo Trece

TRES GRANDES PALABRAS "REMISIÓN"

Esta es una de las grandes palabras del Nuevo Pacto.

Significa limpiar como si nunca hubiera existido. Cuando se desbanda un ejército, se dice que se ha hecho remisión ... deja de existir.

Cuando Dios hace remisión de nuestros pecados, son limpiados como si nunca hubieran existido.

La palabra "remisión" nunca es usada excepto en conexión con el Nuevo Nacimiento.

Después que nacemos de nuevo, es entonces que nuestros pecados son perdonados sobre la base de nuestra relación y de la intercesión de Cristo.

Cuando venimos a El como pecadores, aceptamos a Cristo como Salvador, y lo confesamos como nuestro Señor, entonces todo lo que hemos hecho es limpiado.

En el Nuevo Nacimiento, todo lo que hemos sido antes deja de ser, y una Nueva Creación toma el lugar de lo viejo.

Seis o siete veces la palabra "remisión" es traducida como "perdón "en las Epístolas.

Efesios 1: 7: "en quien tenemos redención por su sangre, el perdón de pecados según las riquezas de su gracia."

Ver también: Colosenses 1:13-14, Lucas 24:27, Los Hechos 2:38; Los Hechos 26:18; Los Hechos 10:43.

La remisión de nuestros pecados toma el lugar del macho cabrío expiatorio bajo el Primer Pacto.

Este llevaba afuera, una vez al año, los pecados del pueblo, mientras que la sangre cubría a Israel como nación.

Sobre la base de la sangre de Cristo, nuestro pecados han sido redimidos, y nosotros somos recreados.

"PERDÓN"

Perdón es una palabra de relación.

Estoy hablando ahora desde el punto de vista del Nuevo Pacto.

Cuando un pecador acepta a Cristo como Salvador, su espíritu es recreado, sus pecados son limpiados, pero siendo ignorante, él siempre tendrá conciencia de pecado.

Sobre el terreno de su relación como hijo de Dios, y del ministerio de Cristo a la diestra del Padre, hay terreno para el perdón de cualquier pecado que él cometa.

1 Juan 1 y 2 trata con esta gran cuestión del perdón.

Cuando un hijo de Dios comete pecado, él rompe su comunión con el Padre.

El no rompe su relación. Simplemente rompe la comunión, de la misma manera que ocurre entre un esposo y esposa cuando intercambian palabras duras. Esto destruye la comunión del hogar, pero puede ser restaurada pidiendo perdón.

Estamos constituidos de tal manera, que podemos perdonar.

Lo mismo ocurre entre el cristiano y el Padre.

En el momento que pecamos y se rompe nuestra comunión con el Padre, si confesamos nuestros pecados, El es fiel y justo para perdonar nuestros pecados y limpiarnos de toda maldad.

1 Juan 2:1-2: "Hijitos míos, estas cosas os escribo para que no pequéis; y si alguno hubiere pecado, abogado tenemos para con el Padre, a Jesucristo el Justo".

Es de notar la expresión "el justo" dentro de la cual está incluida su maravillosa Gracia.

"EXPIACIÓN"

El Primer Pacto tenía la ley, a la cual llamamos Ley Mosaica, el sacerdocio, los sacrificios y las ordenanzas.

Cuando se violaba la ley (lo cual tenía que ocurrir porque Israel estaba espiritualmente muerto) el sacerdocio tenía orden de hacer expiación, o sea cubrir el pecado de parte del pueblo.

Ellos no tenían Vida Eterna. Esto no podía venir hasta que Jesús viniera y nos redimiera. El dijo: " yo he venido para que tengan vida y para que la tengan en abundancia."

Ud. sabe que el recibir la Vida Eterna es el acontecimiento más grande de cualquier experiencia humana.

En el gran día de la Expiación, podemos ver dos cosas asombrosas que tienen lugar.

Primero: rodeado de grandes precauciones, el sumo sacerdote lleva la sangre de un animal inocente dentro del Lugar Santísimo y rocía con ella el propiciatorio con lo cual cubre la violación de la ley.

Ahora Israel está cubierto por la sangre por un año.

Levítico 17:11 nos dice que la sangre nos ha sido dada para cubrir o hacer expiación, debido a que la vida está en la sangre.

Es la vida de un animal inocente la que típicamente se rociaba sobre un Israel espiritualmente muerto.

Segundo: tenemos el macho cabrío expiatorio. Arón ponía los pecados de Israel sobre la cabeza del macho cabrío, el cual era llevado al desierto para ser devorado por las bestias salvajes.

Por un año, ellos quedaban libres, cubiertos por la sangre, sus pecados habían sido llevados fuera del campamento.

Capítulo Catorce

LAS CUATRO BENDICIONES

Hay cuatro bendiciones en el Pacto.

La primera bendición que viene con el Pacto es la Justicia que Dios imparte a cada miembro del Nuevo Pacto.

Cuando Ud. acepta a Jesucristo como su Salvador, en el momento que nace de nuevo, en ese mismo momento Dios le imparte Justicia a Ud.

Esto le da a Ud. una posición en la presencia del Padre que es idéntica a la posición de Jesús.

Nunca habíamos sabido esto antes, y no nos animamos a aceptarlo.

Después de un tiempo, esto va a tomar posesión de Ud. y Ud. va a poder verlo, y entonces habrá hombres y mujeres que se levanten y actúen como Cristo.

El no tenía conciencia de inferioridad frente al Padre, porque El no tenía conciencia de pecado.

Si Ud. realmente cree la Biblia y cree que Dios es su Justicia, y que Ud. es una Nueva Creación, creada en Cristo Jesús, Ud. no va a tener conciencia de pecado.

El ha quitado de en medio el pecado por el sacrificio de Sí Mismo, y la única conciencia de pecado que Ud. tendrá en el futuro será cuando haga algo que no es agradable a El; y entonces Ud. sabrá cómo aprovechar la Sangre de Cristo y recurrir a su Abogado, Jesús.

A partir de la proclamación Luterana ¡hemos hecho una sola cosa! Hemos magnificado el pecado, hemos predicado acerca del diablo, hemos predicado acerca de nuestra propia iniquidad y nuestra injusticia, y hemos mantenido esto frente a la gente tan continuamente ¡que ningún predicador o laico se atreve a pensar en sí mismo excepto en términos de un pobre, débil gusano en el polvo!

Ud. sabe lo que han hecho los evangelistas. Llegan a una iglesia, y como quieren obtener resultados, predican de modo de poner a toda la congregación bajo condenación para hacerlos pasar al altar y, de esta forma, hacerse una reputación como evangelistas.

¡Hemos enseñado el absoluto descreimiento! Hemos enseñado de todo menos el evangelio de Cristo.

¿Qué es el Evangelio?

El Evangelio es esto: que Dios, sobre la base del sacrificio substitutivo de Jesucristo, puede declarar que El es justo y que El Mismo es nuestra justicia en el momento en que creemos en Jesús.

Esto es lo más asombroso que la mente humana haya sido capaz de captar ... que Dios Todopoderoso sea nuestra justicia en el momento mismo en que creemos en el Señor Jesucristo.

Cuando Ud. aprende a caminar como Jesús caminó, sin conciencia de inferioridad frente a Dios o Satanás, ¡Ud. tendrá una fe que absolutamente asombrará al mundo!

¿Sabe Ud. qué es lo que obstaculiza nuestra fe hoy?

Vamos frente al Señor, PERO escuchamos al diablo antes de llegar. Vamos allí con un sentido de inferioridad, ¡el mensaje del diablo sonando en nuestros oídos!

Los cristianos en general le tienen miedo a Satanás, ¡no se animan a decir que son libres, no se animan a enfrentar a Satanás!

La Justicia de Dios le hace a Ud. libre de todo miedo en la presencia de Satanás.

Nosotros le robamos a la obra de Jesucristo su eficacia, y estamos frente al adversario sin poder, porque hemos dudado de la integridad de la Palabra de Dios.

La justicia de Dios le ha sido impartida a Ud., no como una "experiencia", sino como un hecho legal.

Esta es la más extraordinaria verdad que Dios nos ha dado en la Revelación Paulina, y constituye el corazón mismo del Nuevo Pacto, que Dios nos hace como El Mismo.

¿No fue Ud. creado en su imagen y semejanza?

Si Dios declara que Ud. es justo, Ud. no tiene porqué condenarse a sí mismo.

Otra bendición que trae este Pacto, es su unión con Dios.

Cuando aquellos dos hombres bebieron la sangre el uno del otro, ellos se volvieron absolutamente uno.

Cuando Abraham y Dios cortaron el pacto, ellos se volvieron uno.

"Yo soy la vid, vosotros los pámpanos".

¿Es Ud. un socio de Cristo? ¿Mora Ud. en Cristo? ¿Mora Cristo en Ud.?

Pablo dijo, "y ya no vivo yo, mas vive Cristo en mí.: Gálatas 2:20.

La Encarnación era Dios haciéndose uno con nosotros.

El Pacto de Sangre, hizo que Pablo se negara a sí mismo y se apoderara de Cristo como su vida. Hizo que Cristo dejara la Gloria y viniera aquí a ser uno con nosotros.

Ahora Ud. puede pararse tan libre de miedo en la presencia del infierno, en la presencia del diablo, como lo haría en la presencia de cualquier pequeño ser inferior.

¿No venció Jesús a Satanás a nuestro favor?

¿No lo desnudó de toda su autoridad? ¿No le quitó su armadura y no lo dejó paralizado?

Mayor es el que está en vosotros ... que el diablo.

¿Porqué vamos a tenerle miedo?

¿Porqué no estar parados frente a él como vencedores?

Ud. está en una relación de Pacto de Sangre con Dios Todopoderoso.

Cuando Ud. nació de nuevo, entró en el Pacto.

Déjeme darle una ilustración.

Ud. recuerda a los poderosos hombres de David. Ellos son un símbolo de los cristianos. Uno de esos hombres mató a 800 hombres, en combate personal en un sólo día.

El dijo: "uno perseguirá a mil y dos harán huir a diez mil".

¡Hombres del Pacto de Sangre!

Mientras que David caminó con Dios en el pacto, ninguno de sus guerreros podía ser matado.

¿Es Ud. partícipe de la naturaleza divina? Si.

¿Es Ud. un hijo de Dios? Si.

¿Le ha dado Dios Su Justicia? Si.

¿Es Dios su Justicia? Por cierto.

Entonces, ¿le ha dado El derecho legal de usar el nombre de Jesús?. Por cierto.

¿Ve qué clase de hombre es Ud.?

Ud. no es débil. Ud. tiene la misma posición que el Hijo de Dios. Ud. es un hijo de Dios.

Ahora lo único que queda es esto: tenemos que superar los efectos de estas falsas enseñanzas:

Por generaciones nos han dicho que somos pecadores y nos han hablado como a pecadores.

Casi todos los himnos viejos comienzan bien, pero antes de terminar ya somos unos pobres debiluchos, estamos viviendo en pecado, estamos en ataduras de esclavitud, y ahí permanecemos.

Cristo nos es casi desconocido.

EL OBJETO DE ESTA REVELACIÓN

¿Cuál es el objeto de esta revelación? Hacernos conocer qué somos realmente en Jesucristo.

Ud. me dirá: "eso está muy bien, Dr. Kenyon, pero si Ud. supiera lo débil que soy yo ..."

¿Qué dice El?

¿Cuál es el argumento y conclusión del libro de los Hebreos?

"Puestos los ojos en Jesús, el autor y consumador de nuestra fe"

Mientras Ud. esté mirándose a sí mismo, Ud. no tiene mucho valor; es igual que Pedro.

Cuando él comenzó a caminar sobre las olas con Jesús, él no se hundió; pero en el momento en que miró las bulliciosas olas, en ese momento se hundió.

Ud. está conectado con Dios Todopoderoso.

"Estas cosas os he escrito a vosotros que creéis en el nombre del Hijo de Dios, para que sepáis que tenéis vida eterna." 1 Juan 5:13

Esto le da a Ud. la posición legal frente a Dios, le da su lugar en el Pacto.

Lo digo en forma reverente, si yo entiendo el Evangelio del Señor Jesucristo, ésta es la visión que El me ha dado a mí de él: que toda la capacidad del cielo, y la gloria del cielo y la fuerza del cielo están a disposición del creyente.

Esta es la cosa más milagrosa que el mundo haya visto.

Yo creo que en los últimos días, va a haber un develamiento del poder de Dios, y multitudes se van a levantar y vivir.

La traducción de Weymouth, del libro de Romanos 5:17 nos dice que nosotros reinamos como Reyes en el Reino de la Vida en Cristo.

Debemos reinar absolutamente como Cristo y con Cristo. ¿Cómo? Por fe.

SU DESAFÍO A NOSOTROS

¿Es Dios nuestra Justicia?
Ud. dice, "estoy tratando de hacerlo mi justicia".
¿Puede Ud. hacerlo su justicia?
Si Ud. cree en Jesucristo, EL ES su justicia.
Entonces vaya y actúe sobre eso. Atrévase a desatar a Dios en Ud.

Capítulo Quince

LA REDENCIÓN ES POR DIOS

Teniendo en cuenta el horrible cuadro de la obra completada por Satanás, nuestros corazones claman: "¿Quién es capaz, quién tiene la habilidad de satisfacer la necesidad del hombre en una crisis como ésta?

Gracias a Dios que hay una respuesta.

Cuando Dios vio la condición del hombre, El comenzó inmediatamente a hacer provisión para su redención.

El sabía que el hombre no podía redimirse a sí mismo; El sabía que el hombre no tenía la habilidad de acercarse a El.

Entonces Dios, le dio primero el Pacto Abrahámico.

Luego, con el Pacto Abrahámico, cuando los descendientes de Abraham se transformaron en una nación, El les dio la Ley del Pacto, el sacerdocio del Pacto, la expiación del Pacto, y los sacrificios y ofrendas del Pacto.

Todas estas cosas fueron dadas para preparara un pueblo.

De entre ese pueblo vendría el Dios-Hombre Encarnado, y ese Dios-Hombre Encarnado rompería:

Primero: el dominio de Satanás, redimiendo al hombre de su esclavitud, restaurándole al hombre su justicia, de modo que pudiera presentarse en la presencia del Padre en tan buena posición, si no mejor, que la de Adán antes de la caída; y de este modo quitarle al hombre todo sentido de culpa y pecado.

Segundo: el dominio de Satanás, para redimir al hombre en forma tan absoluta; romper el dominio de Satanás en forma tan completa que el más débil esclavo del Diablo pudiera participar en esta justicia restaurada, de modo que el hombre pudiera vivir una vida de victoria sobre este regidor de siglos, Satanás.

Este Dios-Hombre, este Ser Encarnado, iba a hacer un

sacrificio tan completo y perfecto que Dios podría no sólo restaurar legalmente al hombre a la justicia perdida y darle su perfecta redención, sino que podría también hacer la más poderosa obra que desafía aún la imaginación del hombre: hacer del hombre una Nueva Creación.

¿Qué?

¡Si, señor! El absolutamente hace del hombre una Nueva Creación, le imparte Su propia naturaleza, y le quita esa horrible naturaleza de miedo, naturaleza de pecado, naturaleza de Satanás.

La Grande, gloriosa, maravillosa naturaleza de Dios toma su lugar hasta que estemos parados en la presencia de Dios, bajo la brillante luz de Su gracia y amor.

Nosotros nos abrimos como una rosa se abre al sol, hasta que la plenitud de Su amor viene a inundar nuestro ser y luego fluye de vuelta hacia El, nuestro propio maravilloso Padre. Nosotros somos sus propios amados Hijos.

Lector, Ud. está parado en la presencia del Milagro de Milagros, la gracia de Dios que está restaurando a la raza humana perdida, sacándola de la órbita del egoísmo, la debilidad, y el temor, al reino de la fe, el amor y la vida de Dios.

El no sólo va a restaurar legalmente la justicia, legalmente redimirnos, legalmente hacernos una Nueva Criatura, sino que El puede también legalmente dar el Espíritu Santo a todo aquel que participa de la Nueva Creación.

Ese gran, poderoso Espíritu que levantó a Jesús de los muertos puede entrar en estos cuerpos nuestros y hacer Su hogar ahí, hasta que el corazón suspira, luego canta y finalmente irrumpe en un himno: "mayor es el que está en mí, que el que está en el mundo.

Sobre las alas de ese himno nos elevamos fuera del ámbito de la razón y volamos por fe hacia el reino del amor donde la fe rige y donde Jesús es Señor.

El no sólo hizo esto, sino que nos dio a nosotros el derecho legal de usar Su Nombre para que pudiéramos arrojar fuera a Satanás, poner las manos sobre los enfermos y que se sanen, y derrotar todos los propósitos de Satanás.

Oh, tenemos ese Nombre. Ese Nombre nos hace iguales a Jesús.

Cuando Ud. vive en ese Nombre y camina en ese Nombre, el Diablo no puede diferenciarlo de Jesús.

Ud. se parece a El, está vestido de su justicia; está lleno de Su vida.

Ud. tiene Su Nombre estampado.

Ah, pero El hizo más que esto.

El nos dio la Revelación. La llamamos la Palabra, y esta Palabra es la Palabra del Espíritu.

Ese gran poderoso Espíritu que levantó a Jesús de los muertos ha venido a vivir dentro suyo.

Ahora, a través de labios humanos, el Espíritu Santo esgrime esa Palabra y vence vastos ejércitos del infierno.

Ud. es el mismo Hijo de Dios, llamado a la comunión con Jesucristo, con justicia restaurada, libertad restaurada, una Nueva Creación habitada por el Espíritu Santo , con la Palabra viva de Dios.

Ud. tiene una comunión más rica que la que Adán pudiera haber soñado tener.

Y este cuerpo, que Satanás hizo mortal, cuando venga Jesús, recibirá inmortalidad y no morirá nunca más.

La muerte nunca puede amenazarnos y llenarnos de miedo.

Estamos completos en toda la plenitud de su Poder ahora.

¿Cómo será cuando los portales perlados se abran y nosotros, Sus súbditos de amor, Sus redimidos para siempre, veamos a nuestro Señor sentado sobre el Trono de los siglos?

Capítulo Dieciséis

BAJO SUS PIES

Este es el punto culminante del la obra Redentora de Cristo.

Efesios 1: 19-23 Hemos visto a Jesús después de la Resurrección exaltado al trono máximo del universo, con todo dominio, toda autoridad, todo poder bajo Sus pies.

Sabemos por Colosenses 1:18, que somos Sus pies, Su cuerpo.

Todo lo que está bajo Sus pies, está bajo los nuestros.

Su victoria es nuestra victoria.

No hay razón alguna para que Cristo viniera y entrara en el terrible combate por nuestra redención, a menos que lo hiciera por nosotros.

El no lo hizo por El mismo. Lo que hizo por nosotros es nuestro.

Lo que es nuestro necesitamos nada más que tomarlo.

Dios no hizo esta obra y luego la guardó bajo llave lejos de nosotros para dársela sólo a unos pocos.

En Su Redención hemos recibido perfecta Justicia. 2 Corintios 5:21.

Esa Justicia nos permite acercarnos confiadamente al trono de Gracia.

Esa Justicia nos permite disfrutar de la plenitud de nuestros derechos en Cristo.

Esa Justicia está basada en Romanos 4:25 y Romanos 5:1: "Justificados pues por la fe, tenemos paz para con Dios por medio de nuestro Señor Jesucristo."

A través de Su obra en la Cruz y de Su muerte y Resurrección, El ha hecho la paz.

El se levantó, porque El había conquistado a sus enemigos.

El había eliminado a aquellos que nos tenían en esclavitud.

Colosenses 2:15: " y despojando a los principados y a las potestades, los exhibió públicamente, triunfando sobre ellos en la cruz."

Sabemos que el Padre planeó nuestra Redención. Juan 3:16.

Jesús llevó a cabo ese plan. Efesios 1:7; 1 Pedro 2:24.

Juan 6:47: "De cierto, de cierto os digo: El que cree en mí, tiene vida eterna."

Yo creo que el plan fue llevado a cabo y que yo tengo Vida Eterna; que "por sus llagas yo soy curado"; por Su Gracia soy más que vencedor.

1 Juan 5:13 declara que yo tengo Vida Eterna.

Si yo tengo Vida Eterna, yo tengo mi sanidad.

(Para una completa exposición sobre la sanidad en el Plan de Redención, haga pedir el libro "Jesús el Sanador". Miles han sido sanados leyendo este libro.)

Todas mis necesidades están satisfechas de modo que yo puedo hacer todas las cosas en Cristo que me fortalece.

No hay lucha, no hay largas oraciones agonizantes, no hay necesidad de ayunar para obtenerlo.

¡Es mío!

Efesios 1:3 dice que El me ha bendecido con toda bendición espiritual.

¿Cómo lo obtengo?

Simplemente le doy gracias por ello.

El dar gracias abre la puerta de par en par, la alabanza la mantiene abierta.

Por años se nos ha enseñado que tenemos que gemir y

luchar y clamar y orar, y "mantenernos firmes" hasta que llegue la respuesta.

Todo eso es obra de la falta de fe, y crece de nuestra ignorancia de la Palabra y de nuestros derechos en Cristo.

Si 1 Corintios 3:21 es verdad, "todas las cosas son nuestras" y Colosenses 2:10: "vosotros estáis completos en él"; y Efesios 1:22: "todas las cosas están bajo nuestros pies"; y Satanás ha sido vencido; y nosotros somos más que victoriosos en aquel que nos amó; ¿dónde entonces está la necesidad de mendigar y de llorar?

Esto deshonra al Padre.

Capítulo Diecisiete

"EN MI NOMBRE"

Estamos entrando en la era del dominio, conectados con la Omnipotencia, llenos de El, que es mayor que el que está en el mundo, con la sabiduría de El, que habló y el Universo entró a existir, y con el derecho legal de usar Su Nombre en todas las crisis de nuestra vida.

Juan 14: 13-14 : " Y todo lo que pidierais al Padre en mi nombre, lo haré, para que el Padre sea glorificado en el Hijo."

Esta no es una oración. La promesa del uso de Su Nombre en oración está dada en los capítulos 15 y 16.

Es lo que Pedro usó en la puerta del templo que se llamaba La Hermosa, como está asentado en el capítulo 3 de Los Hechos.

El usó el Nombre. El dijo: "en el Nombre de Jesucristo de Nazaret, levántate y anda".

El hombre que había estado cojo desde su nacimiento, saltando se puso de pie, perfectamente sano y fuerte.

Jesús dijo, "Y todo lo que pidiereis (exigiéreis) en mi Nombre, (porque la palabra pedir significa exigir) yo lo haré".

Una vez vino a verme una señora que tenía cáncer del pecho. Por un año y medio había tenido una llaga supurante y había sufrido terribles dolores.

En el Nombre de Jesús, ordené a ese cáncer que deje de existir. Al día siguiente ella volvió y me dijo que el cáncer había desaparecido y que no había más dolor .

Otra señora con un tumor fibroma canceroso vino también a verme. El Nombre de Jesús se lo curó.

Casos de tuberculosis, artritis y cáncer son derrotados por el uso del Nombre. Ninguna enfermedad o debilidad pueden prevalecer contra el Nombre.

"En mi Nombre echarán fuera demonios."

No hay ninguna oración acerca de esto, porque cuando estamos en la presencia de un hombre o mujer atado o afligido del diablo, decimos "En el Nombre de Jesús, Satanás, te ordeno que dejes este cuerpo, lleva todos tus demonios contigo y vuélvete al infierno donde perteneces."

Satanás sabe cuándo está derrotado, y cuando usamos el Nombre, debe irse.

Juan 15:16: " ... Para que todo lo que pidiereis al Padre en mi nombre, él os lo dé."

Esta es la oración.

Recuerde que la palabra "pedir" en el griego significa "exigir".

Ud. no se lo está exigiendo a Dios. Ud. está exigiendo que las fuerzas maléficas sean rotas, que las enfermedades sean sanadas, que las circunstancias sean cambiadas, que el dinero venga.

Jesús se va a encargar de hacer cumplir lo que Ud. está exigiendo en su Nombre.

Lea cuidadosamente Juan 16:24 -27 y Ud. tendrá una idea de su derecho legal de exigir en Su Nombre.

"Hasta ahora nada habéis pedido en mi nombre; pedid y recibiréis, para que vuestro gozo sea cumplido."

Ud. debe notar la ausencia de la palabra "creer" o la palabra "fe".

En todos estos tres maravillosos capítulos, llenos de tan grandes promesas, las palabras "fe" o "creer" no figuran.

Nosotros somos parte de la familia y porque somos parte de la familia, tenemos un derecho legal a estas cosas.

Efesios 1:3 lo ilustra: "Bendito sea el Dios y Padre de nuestro Señor Jesucristo, que nos bendijo con toda bendición espiritual en los lugares celestiales en Cristo."

Lo que Jesús hizo, lo hizo para nosotros.

"COMO USAR EL NOMBRE"

Esta es la verdad más vital para cada uno de nosotros. Y yo he estudiado este problema durante mucho tiempo.

El Nombre de Jesús es usado en dos formas principales. Primero en la oración al Padre.

Juan 15:16 "Para que todo lo que pidiereis al Padre en mi nombre, él os lo dé."

La oración debe ser elevada al Padre, en el Nombre de Jesús, no al Espíritu Santo ni a Jesús. Este es el orden divino.

Su opinión o la mía o la opinión de cualquier otra persona no tiene valor alguno.

"Cuando oréis, decid Padre Nuestro." Jesús está ubicado entre nosotros y el Padre en su ministerio de Mediador y Sumo Sacerdote para hacer que esto se cumpla.

El declara que todo lo que pidamos en ese Nombre, el Padre nos lo dará. Está todo dicho, esto es absoluto.

Juan 13-24. El nos dice cómo usar el Nombre de Jesús en enfermedad o en circunstancias adversas o en cualquiera otra crisis.

Esta es la forma en que yo uso el Nombre: digamos que es un caso de tuberculosis, yo pongo mis manos sobre el enfermo y digo, "en el Nombre de Jesucristo, cuerpo, obedece la Palabra. La Palabra declara que 'por sus llagas Ud. está curado', te ordeno a ti, espíritu de tuberculosis que abandones este cuerpo ahora".

El demonio de la enfermedad se va, y la persona es sanada.

"COMO USAR EL NOMBRE HOY"

Ud. se preguntará porqué la Iglesia no usa el Nombre hoy.

Satanás ha cegado nuestros ojos al uso de este Nombre.

Aquí, en las ciudad de Seattle, casi ninguna de las iglesias está usando este Nombre en su vida diaria. Los enfermos son llevados al hospital, o atendidos por doctores.

Es un hecho notable que en nuestra propia congregación, prácticamente no tenemos enfermedad. Si alguno se enferma, oran los unos por los otros y son inmediatamente sanados.

En Hechos 4:13-22 se encuentra la historia del juicio hecho contra Pedro y Juan por haber sanado al hombre en el Nombre de Jesús.

"Y viendo al hombre que había sido sanado, que estaba en pie con ellos, no podían decir nada en contra ... sin embargo, para que no se divulgue más entre el pueblo, amenacémosles para que no hablen de aquí en adelante a hombre alguno en este nombre."

¿Porqué?

Ellos no tenían ninguna objeción a que se enseñara la resurrección, o el Nuevo Nacimiento.

Pero si tenían una gran objeción a que se enseñara en el Nombre porque había poder sanador en ese Nombre.

Hebreos 13:8 declara que Jesucristo es el mismo ayer, hoy y por los siglos.

Ese nombre tiene hoy el mismo poder que tenía entonces. No es un problema de fe, el problema es si nosotros vamos a animarnos a poner las manos sobre los enfermos y verlos recuperados.

El problema reside en si vamos a animarnos a orar al Padre en ese nombre, y, de hacerlo, los milagros serán el resultado de esa oración.

Tome su posición en los derechos del Pacto de Sangre. ¡Atrévase a usar el Nombre!

Capítulo Dieciocho

LO QUE NOS ENSEÑA LA MESA DEL SEÑOR

Hay dos características sobresalientes del Padre y de Jesús. Más que características, son parte de Ellos.

Dios es amor. No sólo es un Dios de amor, sino que es un Dios Padre. Su fe creó el Universo. Cuando el hombre se descarrió, El creyó en fe que podía volver a encaminarlo, que un desafío de amor alcanzaría al hombre.

Su fe, hizo del hombre una Nueva Creación, y por Su fe tenemos la victoria. Es su fe la que hace que los hombres caminen en amor el uno con el otro.

Dios es un Dios Padre; Jesús es como Su Padre. El fue el que introdujo el amor en el mundo.

Jesús vino para presentar a Su Padre, y Su Padre es amor. Era una presentación de una nueva clase de amor, a una raza humana quebrantada y náufraga.

El amor es el único llamamiento universal al hombre. La fe es un llamamiento a su imaginación, pero el amor es el llamamiento real.

De tal manera amó Jesús que derramó Su vida por nosotros.

Jesús creía como el Padre creía. Jesús puso su fe en acción. El creyó que si El se transformaba en el substituto del hombre, ese hombre le respondería, que si El podía demostrar al mundo que El amaba a los hombres de tal manera que murió por ellos y que sufrió los tormentos de los condenados por ellos, habría una respuesta de parte del hombre.

El puso Su fe en acción. El tiene fe en la humanidad de hoy. El tiene fe en la iglesia. El tiene fe en Sí Mismo y en Su propia Palabra Viva, que va a vencer.

El tiene fe en el amor.

La mesa del Señor es una confesión de nuestra fe y nuestra lealtad para amar de la misma forma que el amor del Padre al dar a Jesús, es una confesión de Su amor. La venida de Jesús a este mundo y su entrega de Sí Mismo por nosotros, es una confesión de Su amor.

Ambos fueron leales al amor.

Jesús dijo estas palabras significativas: "Así, pues, todas las veces que comiereis este pan, y bebiereis esta copa, la muerte del Señor anunciáis hasta que él venga."

Era un Pacto. El dijo: "Esta es mi sangre del Nuevo Pacto". Todas las veces que la bebéis, mostráis vuestra fe en Este Pacto hasta que El venga.

Cuando Ud. come el pan y bebe de la copa, ratifica este Pacto. Es un Pacto de amor.

Primero, es su lealtad y amor hacia Jesús. Segundo, es su lealtad y amor por Su Cuerpo, la Iglesia.

Es una confesión de su amor por sus hermanos y hermanas. Es una confesión que Ud. ha comido y bebido con ellos y que ahora Ud. va a llevar las cargas de ellos.

Ud. se ha identificado con ellos, de la misma manera que El se identificó a Sí Mismo con Ud. en Su Encarnación y Substitución.

Esa sería la actitud del Maestro hacia la mesa del Señor.

Cuando yo quiebro el pan y bebo de la copa, no sólo confieso mi lealtad hacia El, sino hacia cada uno de los miembros del Cuerpo de Cristo que quiebra el pan y bebe de la copa conmigo.

Si soy fuerte, yo llevo las cargas del débil. Yo he tomado sus debilidades.

La Mesa del Señor significa que yo nunca voy a criticar sino que voy a asumir sus responsabilidades espirituales y sus debilidades.

LA NECESIDAD DE ESTA HORA

Alguien va a surgir y va a entender esto.

Algún cuerpo de personas van a entrar en esto.

Tengo la convicción que éste es el mensaje de la última hora, que éste es el mensaje para la Iglesia de hoy.

En los días atribulados que tenemos por delante, vamos a necesitar todo lo que Dios pueda darnos, y todo lo que El pueda ser para nosotros, para poder soportar las pruebas que estamos pasando .... las que vamos a pasar.

Mire, hermano, esta enseñanza sobre el pacto de sangre, esta enseñanza sobre la vida de relación , esta capacidad de usar el Nombre de Jesús, esta maravillosa enseñanza de nuestra identificación y nuestros privilegios es el mensaje de los días venideros. Es lo que necesitamos para enfrentar las mismas fuerzas de la oscuridad.

¿Sabe Ud. que Jesús en la Gran Comisión en el Evangelio de San Marcos, hizo una cosa muy peculiar?

El dijo: "En Mi Nombre echarán fuera demonios".

Yo no había comprendido totalmente el significado de esto. Yo sé lo que quiere decir. En los últimos días, los demonios van a volverse muy prominentes.

Satanás, sabiendo que sus días son pocos, viene a la tierra con todas sus huestes, y vamos a entrar en un período de conflicto espiritual como la iglesia no ha visto nunca antes.

Esto no sólo va a ser persecución, sino que los demonios van quebrantar y aplastar el espíritu de la iglesia y del individuo.

La iglesia debe aprender el secreto de luchar en contra de las huestes de la oscuridad en el NOMBRE.

EL PACTO DE SANGRE

Tengo derecho a la gracia, en la dificultad más dura,
Sobre la base del Pacto de Sangre;
Tengo derecho a la paz que nunca cesa,
Sobre la base del Pacto de Sangre.

Tengo derecho al gozo que nunca se apaga,
Sobre la base del Pacto de Sangre;
Tengo derecho al poder, si, en esta misma hora,
Sobre la base del Pacto de Sangre.

Tengo derecho a la salud, por las riquezas de mi Padre,
Sobre la base del Pacto de Sangre;
Tomo mi sanidad, Satán tiene que soltarme,
Sobre la base del Pacto de Sangre.

Tengo un derecho legal a ganar esta batalla,
Sobre la base del Pacto de Sangre;
Tomaré mi posición con corazón lleno de valor,
Sobre la base del Pacto de Sangre.

Ahora reclamo mis derechos en Su Poderoso Nombre,
Sobre la base del Pacto de Sangre;
Y mis oraciones prevalecen sobre todo ataque del infierno,
Sobre la base del Pacto de Sangre.

Sobre la base de la Sangre,
Sobre la base del Pacto de Sangre;
Reclamaré mis derechos, aunque el enemigo ataque,
Sobre la base del Pacto de Sangre.

E. W. Kenyon.

Otros libros de inspiración
Por E.W. KENYON

THE BIBLE IN THE LIGHT
OF OUR REDEMPTION
A Basic Bible Course

ADVANCED BIBLE COURSE
Studies in the Deeper Life

THE HIDDEN MAN OF THE HEART

WHAT HAPPENED
From the Cross to the Throne

NEW CREATIONS REALITIES

IN HIS PRESENCE
The Secret of Prayer

THE TWO KINDS OF LIFE

THE FATHER AND HIS FAMILY
The Story of Man's Redemption

THE WONDERFUL NAME OF JESUS
Our Rights and Privileges in Prayer

JESUS THE HEALER
Has Brought Healing to Thousands

KENYON'S LIVING POEMS

THE NEW KIND OF LOVE

THE TWO KINDS OF FAITH

THE TWO KINDS OF RIGHTEOUSNESS

THE BLOOD COVENANT

THE TWO KINDS OF KNOWLEDGE

SIGN POSTS ON THE ROAD TO SUCCESS

IDENTIFICATION

Hacer los pedidos a:
KENYON'S GOSPEL PUBLISHING SOCIETY
P. O. Box 973, Lynnwood, Washington 98046